[美]博恩·崔西（Brian Tracy） 著

赵倩 译

谈判

像谈判专家一样思考
NEGOTIATION

中国科学技术出版社
·北京·

Negotiation by Brain Tracy
Copyright © 2013 Brain Tracy.
Published by arrangement with HarperCollins Leadership, a division of HarperCollin Focus, LLC.
Simplified Chinese translation copyright by China Science and Technology Press Co., Ltd
All rights reserved
北京市版权局著作权合同登记　图字：01-2021-5239。

图书在版编目（CIP）数据

谈判 /（美）博恩·崔西著；赵倩译 . — 北京：中国科学技术出版社，2021.11

书名原文：Negotiation

ISBN 978-7-5046-9166-8

Ⅰ . ①谈… Ⅱ . ①博… ②赵… Ⅲ . ①谈判学 Ⅳ . ① C912.3

中国版本图书馆 CIP 数据核字（2021）第 181768 号

策划编辑	赵　嵘　杜凡如	责任编辑	杜凡如
封面设计	马筱琨	版式设计	蚂蚁设计
责任校对	吕传新	责任印制	李晓霖

出　　版	中国科学技术出版社
发　　行	中国科学技术出版社有限公司发行部
地　　址	北京市海淀区中关村南大街 16 号
邮　　编	100081
发行电话	010-62173865
传　　真	010-62173081
网　　址	http://www.cspbooks.com.cn
开　　本	787mm×1092mm　1/32
字　　数	50 千字
印　　张	4.75
版　　次	2021 年 11 月第 1 版
印　　次	2021 年 11 月第 1 次印刷
印　　刷	北京盛通印刷股份有限公司
书　　号	ISBN 978-7-5046-9166-8/C·179
定　　价	59.00 元

（凡购买本社图书，如有缺页、倒页、脱页者，本社发行部负责调换）

前言
PREFACE

无论是在商场上,还是在生活中,你的成功取决于在各种情况下为自己争取最大利益的谈判能力。谈判是一项重要技能,会影响你的一言一行,也会影响你与他人的人际交往和业务往来。如果在谈判中不善于为自己争取最大利益,你自然会成为谈判高手的"手下败将";如果善于谈判,你将获得更高的收入,或者在交易中获得更好的成果。

人生如同一场漫长的谈判,从出生到死亡,谈判自始至终。谈判是人类谋生以及与他人交往的重要环节,也是价值观不同且利益各异的人和谐共事

谈 判
NEGOTIATION

与生活的重要途径。谈判能力在人际交往中发挥着至关重要的作用。

自人类文明起源之时就有了谈判，因为人们始终希望改善自身的相对情况。每个人都想拥有更多美好的事物——幸福、财富、地位、爱、安全、身份、特权、成功等，而且总想以更快速、更容易且时间和金钱成本更低的方式去实现自己的目标。而其他人也想实现同样的目标，达到同样的结果，于是大家形成了相互竞争的关系。

只有通过妥协、交易和谈判，人们才能在那些相互冲突、相互竞争的愿望与需求之间寻求平衡，确保为自己赢得最圆满的结果。

前言
Preface

💬 价值是主观的

任何物品的价格或价值始终且只取决于对该事物的需求水平或渴望程度。价值是一个人在特定时间、特定环境下对一件物品值多少钱的判断。

由于这种价值判断通常具有主观性，因此人们无法事先确定适当的最终价格或条件。人们愿意支付或接受的价格往往取决于相关个体及其在交易时需求的相对水平。对价值的主观评估使人产生了交换商品、服务、金钱等事物的愿望。在每一次的自愿交易中，只有当交易各方认为，交易后的状况比谈判或交易前的状况有所改善的时候，才会接受最后的价格和条件。就像人们常说的那样："正是因为意见不同，才出现了赛马。"

谈判
NEGOTIATION

💬 实战策略与方法

多年来，我参加过许多住宅、商业和工业地产（包括购物中心、写字楼和土地开发）的总价值高达数百万美元的合同谈判，也参加过价值2500万美元的汽车进口与销售合同的谈判，还参加过印刷合同、咨询合同、培训合同、广告合同、会议合同以及价值数百万美元的商品销售合同的谈判。

因此，本书的观点均以我的丰富经验与教训为基础，辅以我多年来对谈判的研究成果。通过本书，你将了解到我在谈判领域发现的一系列重要策略和技巧。

每种方法都具有实用性，都经过了实践的检验，可以立即付诸行动。这些方法几乎适用于任何场合，

前言 Preface

让你在交易中占据有利地位。我向全球成千上万的商界人士传授过这些技巧，帮助他们在谈判中取得了足以改变人生的成果。如果能按部就班地实践这些方法，哪怕只是运用其中一小部分，也能使你的谈判结果实现质与量的飞跃。

💬 谈判是可以学习的

即便是孩子也会进行谈判。他们知道，自己一个小小的拥抱和依恋都是与父母和亲友谈判的筹码。谈判（或不谈判）、妥协（或拒绝妥协），以及努力调和利益冲突，这些都是人类生活必不可少的组成部分。善于谈判能极大地改善你的财务状况、职业生涯和人际关系，改变你在日常生活中的收获或

付出。

　　幸运的是，谈判是一项技能，就像其他所有的技能一样都是可以通过学习掌握的。即使是今天的谈判高手过去也曾因不善于谈判而搞砸过交易。通过不断学习、思考与实践，你的谈判能力也会随之提升。谈判结果越来越好，你会感到越来越开心，越来越自信，也越来越能主宰自己的生活。

　　将自己正在做的事与可以做的事进行对照和比较，是最有效的一种学习方法。想一想，在当前的生活或工作中，你正在为哪个重要方面进行谈判？在本书的阅读过程中，思考如何运用书中的技巧取得比当前更好的谈判结果。如果将想法付诸实践，你会惊讶地发现自己的谈判能力突飞猛进，也将因此收获更多快乐。

目录
CONTENTS

第一章	万事皆可谈判	/ 001
第二章	克服谈判恐惧	/ 007
第三章	谈判的类型	/ 015
第四章	长期业务关系	/ 022
第五章	六种谈判模式	/ 030
第六章	在谈判中发挥你的力量	/ 038
第七章	力量与感知	/ 043
第八章	情绪对谈判的影响	/ 049
第九章	决策中的时间因素	/ 055
第十章	明确自己的目标	/ 063
第十一章	谈判成功的四大要素	/ 068
第十二章	准备是关键	/ 072
第十三章	明确各方立场	/ 079

谈 判
NEGOTIATION

第十四章 四问题法则	/ 087
第十五章 暗示的力量	/ 094
第十六章 通过互惠说服他人	/ 101
第十七章 通过社会认同说服他人	/ 109
第十八章 价格谈判策略	/ 115
第十九章 底线法	/ 124
第二十章 谈判无终点	/ 130
第二十一章 成功的谈判者	/ 136

第一章
万事皆可谈判

从现在开始,"万事皆可谈判"应该成为你对待生活与工作的态度和方法。获得成功与幸福的最大障碍就是消极的态度。消极被动的人往往只会接受现状,无力做出改变。而积极主动的人随处都能发现机遇,并积极地寻求改变之法,变不利为有利。这也应该成为你的处事策略。

谈 判
NEGOTIATION

💬 像谈判者一样思考

几乎所有事物都不存在固定的价格或条件，哪怕是白纸黑字写出来的。始终要牢记一点，不论价格和条件看起来多么不可撼动，万事皆可谈判。你要做的，只是想办法以更有利于自己的条件达成交易。

在几千年前的原始社会，就出现了以物易物的行为，人们普遍认为，每一个物品的价格都有谈判的余地。现在，在许多国家的市场和集市里，甚至在街区流行的跳蚤市场和旧货市场里，每个物品的价格（无论是买价还是卖价），都只是谈判的一个起点，优秀的谈判者会以此为基础，争取到对自己最有利的价格。

但是，在现代社会的其他地方，人们并不鼓励

第一章
万事皆可谈判

谈判。很多人,尤其是在商业市场上出售产品或服务的人,都在不遗余力地规避谈判。人们印制价目表,或者给商品(或服务)贴上价签,以这样的方式告诉你价格,就好像刻在石头上一样不可更改。但实际上,白纸黑字的价格没有任何意义,它并非不可改变的事实,只不过是某个人在某个地方对人们可能会支付的价格所做的猜测。一个人设定的任何价格都有可能被他自己或别人改变。

💬 价格具有随意性

实际上,所有的定价都具有随意性。企业根据成本、预期收益与竞争情况对商品或服务进行大致的定价。所以,当情况有变时,价格也可能随之出

现某种形式的变更与调整。如果你发现了某种产品降价促销的信息，说明该企业可能在最初定价时做出了错误的预估。

你应该培养这样一种态度：无论当下的要价是多少，都要以某种方式使交易向有利于自己的方向发展，可能是价格更低，成交速度更快，或者其他更有利的条件。你需要养成习惯，不断寻求机会，去优化价格或交易条件。

💬 合同只是起点

例如，面对一份合同或协议时，你完全有权删除或修改其中任何一个你不喜欢的用语或条款。你要明白，卖方（或其他任何人）提供的合同代表其

第一章
万事皆可谈判

自身的利益,合同中的条款不会代表你的利益。不要因为合同或销售协议的书面化和官方化而胆怯。

三年前,我们租下了一栋新建的写字楼,并签订了一份为期五年的合同。两年后,大楼的所有者将写字楼出售给另一家房地产公司。新公司的管理者拜访了每一位租户,并解释说,出于法律方面的原因,所有租户需要与他重新签署租赁合同,但是不必担心,新合同的条款与之前签订的合同相差无几,只有一两处细微的改动。

拿到新合同准备签字时,我们才发现,新合同比原来的合同多了 10 页左右。我的一位朋友是商务办公楼租赁方面的专家,他对照检查了这两份合同,结果发现,新合同增删了 52 处!每一处变动都直接或可能不利于我们公司。

我们的对策也很简单：先通读新租约，然后删除、修改并标出了这 52 处变动，最后将标记后的合同还给大楼现在的所有者。几天后，他们带着一份全新的合同来找我们，并对这 52 处变动全部按照我们的要求进行了修改。

这件事告诉我们：绝对不要被买卖合同中的条款唬住。无论对方在合同中说了什么或写了什么，都有谈判的余地。合同不过是谈判的起点。

第二章
克服谈判恐惧

要达成更好的交易,秘诀很简单,就是提要求。要求对方降低价格或者为己方提供更好的条件;要求对方修改合同;要求对方补充内容、提供折扣、做出让步或者在交易中提供额外的产品或服务。提要求时既要满怀期待,又要自信满满,同时有礼有节。如果你认为自己的要求更有益,就要坚决地提出来。但是,你要清晰明确地表达出自己的需求,多问"为什么"和"为什么不"。未来属于那些能够大胆、自信地提出要求,并且能反复提出

要求的人。

既然这项建议如此简单,为什么能站起来提出自己要求的人依然寥寥无几呢?对很多人来说,其中的原因要追溯到幼儿时期。很多人在童年时期提出自己的要求会遭到批评,导致他们害怕被拒绝。此外,很多人在幼儿时期缺乏无条件的爱。如果一个人在性格形成时期缺少良好的养护环境,长大后就会缺乏自尊和自信。因此对于别人提出的条件,他们往往全盘接受,认为自己不配得到更好的。

这种害怕被拒绝的心理会导致一个人在成年后变得畏首畏尾。因为害怕别人说"不",所以他们常常会接受对自己非常不利的合同、录用条件和价格(无论是卖价还是买价)。事实上,他们本应享受更

第二章
克服谈判恐惧

好的条件。

要克服这种恐惧,可以采取"反向行为"练习。如果你害怕被拒绝,总是被动接受别人提出的条件,那么你可以不断地提出更有利于自己的要求,不必在乎对方是否拒绝,以此来克服这种恐惧。

反复尝试,恐惧心理很快就能减弱并消失。这就是"系统脱敏法"。直面恐惧,反复做你害怕的事,最终恐惧将不复存在。

如果说恐惧是一种习惯,那么勇气也算是一种习惯。强迫自己勇敢起来,特别是在谈判中争取更有利的价格和条件时,这样一来,你将建立自信与自尊。

谈 判
NEGOTIATION

💬 通过推销电话提升勇气

人生中最重要的一课,发生在我开始挨家挨户推销和给潜在客户打电话推销的时候。起初,我遭到的拒绝多得超乎想象。我一家一家地敲门,几乎每一家都拒绝了我,他们说不需要我的产品,也不感兴趣。我听了上百次甚至上千次的"不"。终于有一天,我向一位资深的销售员请教如何应对这种无休止的拒绝时,他传授给我一句"箴言":"拒绝并非针对你个人。"

不要把别人的拒绝当成针对你个人的拒绝。在谈判时,如果有人对你的要求说"不",他并非拒绝你本人或者你的价值观,也并非评判你个人的好坏。对拒绝你的那个人而言,他只是针对某种要求做出

第二章 克服谈判恐惧

了有利于自己的回答。这种回答与你本人无关,因此,别往心里去。

了解了这个重要的理念之后,我变身为一台销售机器,开始充满自信地挨家挨户推销产品。不管听到多少次"不",我都一笑了之。我明白,别人根本不会关注我这个人是谁。只要有人提出了不利于现状的条件,他们就会有这种条件反射式的回答,拒绝并非针对我个人。

💬 建立一个帝国

在我的研讨班里,有个学员是美国亚利桑那州凤凰城的建筑工人。他打算购买几套老房子,再将它们出租,以租金来支付抵押贷款并赚取利润。不

过，他手上的钱不足以支付首付。

尽管如此，他开始从报纸上寻找那些"由房主出售"的，而不是在房产经纪公司挂牌出售的房子。他给这些房主打电话，安排看房。如果他认为房子不错，可以进行装修再出租，就开始砍价，每次报出的价格都是房主售价的一半。听到这些价格，有些房主很生气，还有一些会暴跳如雷。但是，在他所看的房子中，平均每20套就会有1套急售的房子。房主遭遇了企业停工、失业，或者正在办理离婚或破产手续，再或者是打算搬家，总之，他们必须马上卖掉房子。

所以，在遭遇了19次拒绝后，就会有一位房主还价，在原售价的基础上打六折或七折，最后以这个价格成交。

第二章 克服谈判恐惧

在心甘情愿地反复听"不"之后,我的这位学员一共购买了42套房子,每月赢利超过10000美元。他即将成为百万富翁,皆因他敢于提出要求,且不怕遭到拒绝。

💬 谈判如游戏

把谈判当成游戏。谈判没有什么大不了的,无关生死,只是一项活动。事实的确如此,谈判只是生活中一项重要的游戏,你的任务就是尽可能熟练地玩这个游戏,然后不断提高自己的技巧。

一流的谈判高手几乎在任何场合下都会谈判。他们之所以讨价还价,是因为将谈判视为一种娱乐。如果把谈判视为一项有趣的活动,保持冷静、

自信和愉悦的心态，你也能随时随地找到谈判的机会。

第三章
谈判的类型

谈判分为两类,其目标与预期结果各不相同。问题是,很多谈判者总把这两类混淆,导致谈判结果不理想。如果你能明确自己要做什么,要完成什么目标,那么谈判将会取得更好的结果。

💬 一次性谈判

第一类谈判,或者称为"I型谈判",是指"一次性谈判"。在这种情况下,你只打算与对方进行一

次谈判，或只和对方打一次交道，绝不会有第二次。那么谈判各方都只有一个目标：得到最高价格或最低价格，获得买卖的最佳条件。

在这种谈判中，你与对方处于对立关系。如果他是买方，目标就是向你支付最低的价格；如果他是卖方，目标就是向你收取最高的价格。请牢记，对方不是你的朋友。无论他在谈判中如何笑容满面、彬彬有礼，所考虑的只有自身的利益。归根结底，对方根本不在乎你赚多赚少。

在这种谈判的过程中，你必须冷静、狡猾且自私。为了尽可能以最佳条件达成交易，你可以使用各种方法或手段。交易完成后，你应该假设再也不会与对方见面，也不会听到他的任何消息。无论此人是否喜欢你、尊重你或愿意与你成为朋友，都无

第三章
谈判的类型

关紧要。最重要的是,你要得到最佳的交易结果。在后面的章节中,我会详细阐述一系列策略和技巧,帮助你在这类谈判中取得成功。

长期谈判

第二类谈判,或者称为"Ⅱ型谈判",是指长期谈判。在这类谈判中,你要签订一份内容更加复杂且期限较长的合同。并且,由于相关产品、服务、合同或协议的性质或内容,你需要在未来数月甚至数年里与同一个人或组织打交道。

30年前,我与美国芝加哥的一个制造商开展合作,制作音频类与视频类的学习节目。我很感激该公司愿意在全美国甚至全球范围内推广我的节目,

谈判
NEGOTIATION

而且幸运的是,该公司为我提供了一系列既公平又符合行业标准的条件。30年后的今天,我依然与这家公司及其核心人员保持着密切的合作。

几十年来,市场风云变幻,很多人来来往往,新产品也层出不穷,它们掀起一阵潮流,而后又销声匿迹。但自始至终,我与该公司的核心人员一直保持着亲切、友好、礼貌且专业的业务关系。我总是从长远的角度看待我们之间的关系,这为我带来绝佳的商业机遇与成果。

💬 中国式合同

除了上述两种谈判类型外,我从多年前开始实践"中国式合同"的谈判策略,并将它传授给成千

第三章
谈判的类型

上万个企业与公司高管，他们利用这个策略，取得了令人满意的成果。让我们先来了解一下标准的西方式合同和中国式合同的区别。

在西方，我们花费大量的时间讨论合同的附属细则。"甲方应这样做……乙方应这样做……"，然后将这份合同作为整个业务关系的基础，各方应完全按照书面合同的内容兑现承诺，任何违背书面合同的行为都可能导致协议破裂、付违约金甚至诉讼。

而在中国则不然。每年我都会在中国待一段时间，我发现，在中国的文化背景下，合同的条款要经过谈判、讨论，最后达成一致意见，形成书面文件，再经过审查、修订，在适当的时间由双方签字生效。

在西方式合同中，这一步意味着讨论或谈判

的结束。而在中国式合同中,这只是谈判与讨论的开始。

在中国人的思维里,能想到或预料到的任何事都应该形成书面文件。但是他们有一个明确的认识,即随着合作的推进,将有新的信息和情况出现,此时就需要对合同进行修改,以保证合同对双方的公平与平等。

后来,当我与其他人(我与来自全球60多个国家的客户签订过协议)谈判时,我们常常用几页纸就概括了涉及上万美元的多方协议。

在谈判开始时,我会说:"让我们签一份中国式合同。在这种合同中,双方将针对我们要共同完成业务的基本条件达成共识。但是,我希望双方都能满意。一旦因为某些事情导致与本合同相关的情况

第三章 谈判的类型

发生变化,双方应该坐下来,重新讨论其中的条款,确保双方仍然满意。"

好消息是,我与合作伙伴签订了这样的"中国式合同"后,从未发生过纠纷、分歧或法律诉讼。我们始终保持坦诚、友好的态度,致力在合作的过程中最大化地实现双方的利益。

第四章
长期业务关系

几乎任何业务都一样,刚开始和一家企业或一个人合作时,业务关系往往处于次要位置;但随着时间的推移,它会逐渐成为你的经济生活与个人生活中最重要的组成部分之一。

谈判领域的专家杰勒德·尼伦伯格(Gerard Nierenberg)曾说,谈判的目的是"达成一个能满足各方需求的共识,从而使各方产生内在驱动力,去兑现各自的承诺,并与同一个协议方进行后续的谈判和交易"。

第四章
长期业务关系

让我们来分析一下这个概念。首先,"达成……共识"意味着,进行谈判不是为了论输赢,也不是要击败对手,其目的是达成某种共识。如果双方诚心诚意地开始谈判,希望达成共识,那么这种行为完全不同于"一次性"谈判,谈判结果往往会更好。

这一概念的第二部分,"……满足各方需求……"意味着谈判各方有不同的愿望和需求,因此才需要谈判或讨论。在长期业务的谈判中,双方都要设法保证对方的基本需求得到满足,这一点至关重要。

上述概念的第三点是"从而使各方产生内在驱动力,去兑现各自的承诺……",这意味着,双方都对谈判结果感到满意,以至于希望后续的业务合作能顺利开展,并且愿意兑现自己在谈判中做出的承

诺，以此享受协议所带来的利益。

我曾与一家大型学习机构的高管进行过一次谈话。他自豪地对我说，通过谈判，他的公司与一家出版公司达成了一个非常好的交易。他"力压对手"，最后迫使对方接受了有关预付款和版权费的条款，这远超该公司支付给其他作者与程序开发人员的金额。

我恰好是该出版公司的产品开发者之一，在得知这位先生通过谈判得到的交易条件远远高于我与该公司在多年的合作中所获得的条件后，感到十分惊讶。我给这家出版公司的董事长打电话询问，他向我解释说，对方在谈判中咄咄逼人，提出的要求十分苛刻，丝毫不留余地，坚决不让步。出版公司只得同意支付更高的费用，否则对方不仅立刻走人，

第四章
长期业务关系

还会四处说出版公司的坏话。

董事长接着说:"我们不希望市场上出现对公司不利的情况,所以客气地同意了他们提出的条件。现在,我们拥有他们产品的独家制作权与经销权,但这不是必须履行的义务。所以我们打算什么也不做,就让产品一直放在货架上,直到他们自己过来取走。到那时,我们会把产品退给他们,并彻底终结业务关系。"

那位高管看似是为自己的产品争取了高于市场价格的高价,但忽视了长期关系的重要性,因此他和他的公司除了一纸合同之外一无所获,而且合同中规定的价格和条件使对方公司既没有义务也没有动力去履行约定。

谈 判
NEGOTIATION

💬 间接努力法则

在谈判中,有一条"间接努力法则"(Law of Indirect Effort),即通过间接行为而非直接行为,取得更多成果。例如,在谈判中,你越是努力地想实现自己的目标,成功的可能性就越低。当你明显在为自身的利益努力时,其他人会产生被压迫的感觉,进而做出抵抗,以保护自己。

但是,如果让对方看起来你在想方设法地满足他们的需求(间接行为),他们就能打开心扉,努力达成令你感到满意的协议。

正如拉尔夫·沃尔多·爱默生(Ralph Waldo Emerson)所说:"要想得到别人的友谊,自己要先向别人表示友好。"利用间接努力法则,在谈判过程

第四章
长期业务关系

中,当你看起来在致力于达成对对方最有利的协议时,对方也会放松下来,并设法达成同样令你满意的协议。

因此,我常说:"不管我们今天做出什么决定,我都希望您能感到满意。我竭诚欢迎您提出任何想法和建议,确保您在讨论结束时乃至以后都能一直保持愉快的心情。当然,我也希望自己满意,但是我发现,如果我努力让您感到满意,那么结果通常也能令我心满意足。"

这种方法几乎总能让谈判中的对方放下戒备,从而达成令我们都满意的协议,并愉快地结束谈判。

💬 为未来着想

在杰勒德·尼伦伯格阐述的概念中,第四点,即最后一点是"……与同一个协议方进行后续的谈判和交易",这是长期业务合作中最重要的一点。这意味着,双方对当前协议所产生的结果感到满意,都愿意并且希望在日后不断达成新的交易。

今天,最优秀的企业会把自己定位成客户、销售商和供应商的"伙伴"。它们不会将业务分摊给许多公司,而是与一家密切合作的供应商联合,与之培养高质量的业务关系,从而提高质量与效率,最终降低双方的价格,增加双方的利润。这是当今各行各业的企业领导者所采取的策略。

Ⅱ型谈判的过程没有起点、中间点和终点,是

第四章
长期业务关系

持续进行的。这类谈判的起点是基于信任与信誉而建立起的高质量关系。无论在销售、采购、雇用、融资,还是其他方面,你要缔结的最高质量的业务关系都要基于一份令各方满意并能以不同形式延续下去的合同。

如果谈判结束时各方都感到不满、不愿意再次与对方进行磋商,且各方都心情郁闷,完全没有动力去履行合同约定的承诺,那么这就是一次最糟糕的谈判。

第五章
六种谈判模式

谈判的方式有很多,因此你必须清楚你采用的是哪种谈判模式,想得到哪种结果。

💬 赢—输谈判

第一种模式为"赢—输谈判",是指甲方得其所需而乙方蒙受损失的谈判,这是本书第三章所提到的 I 型谈判的目标。在一次性的交易中,你想要以最高价出售或以最低价买入某种产品或服务,就可以

第五章
六种谈判模式

使用这种谈判模式。这个过程的重点不是结交朋友,也不是建立长期关系,只是尽可能以最有利于自己的条件完成交易。你不会特别在意对方对价格和条件是否满意,目标就是在谈判中取胜。

当然,这类谈判不会带来额外的业务或交易,但也有例外情况,例如,当你去典当行典当个人所有物时。在这种情况下,典当行就是赢家,只支付物品的部分价值;而典当物品的人则成为输家,只得到了物品的部分价值。

输—赢谈判

第二种模式与第一种正好相反,称为"输—赢谈判"。乙方得其所需,甲方蒙受损失。也就是说,

乙方的需求得到了满足，甲方的需求未得到满足。当双方视彼此为对手或敌人，企图不择手段将其击败时，就会采用这种谈判方式。

💬 双输谈判

第三种模式是"双输谈判"。在这种情况下，各方均未得偿所愿，因此都对达成的交易感到不满意。这类谈判往往伴随着敌意、憎恶和争论。

例如，丈夫回到家对妻子说："今晚我们出去吃饭吧。你想去哪里吃？"妻子说想吃海鲜。丈夫说他讨厌海鲜，想吃意大利菜。妻子说，她最近吃够了意大利菜，不想再吃了。为了维持夫妻关系的和谐，他们最后同意去吃都不那么想吃的中餐，但这似乎

第五章
六种谈判模式

是在此情况下唯一可行的折中方案。

这就是双输谈判。夫妻二人都没有吃到自己想吃的菜,但是他们都接受了谈判的结果,因为这至少比没得吃要强。

💬 折中谈判

第四种谈判模式是"折中谈判"。在这类谈判中,双方都有收获,因而情况均有改善,但是各自的需求并没有完全得到满足。谈判结束后,双方都心有不甘,但也不致拒绝签订协议,只是各方都不会对谈判结果感到特别兴奋。

谈判
NEGOTIATION

💬 无交易谈判

第五种谈判模式是"无交易谈判"。在这种情况下，双方均表明了各自的立场、需求和利益，结果却发现无法达成协议。双方存在巨大的分歧，因此保留各自的意见。于是分道扬镳，但并未产生敌意或嫌隙。如果未来情况有变，双方依然愿意重新开始谈判。

例如，你要购买某件商品，但对方要价过高，你提出了一个较低的价格，遭到对方的拒绝，双方均不让步，于是交易无法达成。

💬 双赢谈判

最后一种谈判模式是"双赢谈判"，这是一种最

第五章
六种谈判模式

好的谈判结果,是你的谈判目标。在这种谈判中,双方都感觉自己取得了胜利,都认为自己达成了一项极好的交易。双方感到心满意足,期待着履行合同中的承诺,而且希望在相同或相似的条件下继续达成其他交易。

在大多数情况下,双赢谈判需要找到第三方案,该方案优于双方最初设想的两套方案。在谈判之前,各方都坚持一系列的想法、利益和立场。但他们常常发现,这两种不同的立场不可能达到平衡,于是找到了第三方案,这一方案与各方在谈判之初的设想大不一样。

当第三方案优于双方在谈判之初所设想的方案时,就实现了双赢谈判。

不久前,针对一份330套住房的房地产开发

协议，我曾与市政委员会成员进行了一场谈判。我的客户购买了城边的一块地皮，并完成了土地的规划设计。但当地的官员却要求他为每一套房预付10000美元现金，总计330万美元，用于改善周边设施。这个金额并不过分，因为政府需要大量资金对新小区进行配套建设。但问题在于，我的客户拿不出这笔预付现金。

谈判似乎陷入了僵局，我的客户也认为双方难以达成共识，这时我提出了一个双赢的方案。我说："看来最后的问题还是与330万美元预付金有关。我的方案是，我们同意支付贵方要求的330万美元。"

然后，我接着说："我们接受过去三天里所有的讨论结果，包括支付330万美元。但是，我们需要贵方做出一点让步，希望您同意，待我们将土地出

第五章
六种谈判模式

售给房屋建造商和开发商后,再按每户 10000 美元的标准支付 330 万美元。"

房间内安静下来。最终,市长说:"好,我们当然希望提前拿到全部款项,但是,如果贵方只能先售出土地后才有资金付款,我们也可以接受。"

于是,谈判成功。

之所以举这个例子,是为了说明,当你寻求双赢的解决方案时,这种事情会一次又一次地发生。你要勇于跳出思维定势,了解谈判中各方的底线,然后想方设法地实现彼此的目标,让双方都有获胜的感觉。

第六章
在谈判中发挥你的力量

人们常常低估自己在谈判中的力量。即便你认为对方拥有绝对的优势,但你可能具有他需要的某种东西,或者能够找到他需要的某种东西,就可以借此让力量的天平向你倾斜。

你可以从准备、权力、对方需求、共情或认同、奖惩和投入等方面入手,提升自己在谈判中的力量。

第六章
在谈判中发挥你的力量

💬 准备的力量

为谈判所做的准备越充分,了解的情况越全面,谈判的优势就越大。因此,你一定要提前做好准备工作。资深的谈判专家罗伯特·林格(Robert Ringer)曾说,当他与房地产老板谈判时,会带上一位会计师、一位律师和一位业务经理。如此一来,对方就会认为他对谈判所涉及的内容有绝对的把握和全面的了解。

💬 权力的力量

你要明白,自己有权决定购买与否,购买的决定权在自己手上,这正是你的力量来源。而且,如

果你确信自己非常了解该领域,对成交价格和交易条件都很有把握和经验,那么对方往往会心生敬畏,从而达成对你更有利的交易。

💬 了解对方需求的力量

越了解对方的境况,你的谈判优势就越大。如果发现对方急需你所提供的某种产品或服务,或者对方的公司出现了严重的资金问题,需要资金或贷款,你就更有可能完成一笔出色的交易。

💬 共情或认同的力量

几乎任何领域的顶级谈判专家都会利用这种力

第六章
在谈判中发挥你的力量

量。如果你能多花一些时间与谈判对手建立融洽的关系,对方更容易感到放松,进而愿意优化交易条件。

💬 奖惩的力量

这是一种你可以并且应该加强的重要力量。如果你有能力向某人提供某种正当的奖励或好处,或者扣留奖励或好处,对方与你交易的可能性将大大提升,他们会愿意与你进行谈判。

💬 投入的力量

这里的"投入"是指你或对方在谈判上花费的

时间和精力。如果你只花了五分钟,那么相当于几乎没有投入。如果你为一个协议花了五天、五周甚至五个月的时间,那么你的投入是巨大的,这无疑会给对方留下深刻的印象。哪一方投入更大,在谈判中拥有的力量就更强。

第七章
力量与感知

力量在于感知。所谓力量并非你拥有的实力,而是对方如何看待这种实力。

我有一位曾拥有百万身家的好朋友。他在经济大萧条时破产了,不得不在各个方面削减开支,也因此卖掉了大游艇和位于美国汉普顿(译者注:美国著名的富人区)的豪宅。但他没有将此事告诉任何人。

如今,他东山再起,开始进行买卖、谈判和交易,扩展了一家公司的业务,出售了另一家公

司。他在举手投足之间仿佛还拥有和几年前一样强大的经济实力，大家都认为他依然富有。感知决定一切。

上一章讲到，你要在谈判中发挥自己的力量。不论是哪一方面的力量，感知都是至关重要的。接下来我将阐述感知力量影响谈判的几种方式。

稀缺的力量

人们通常在发现自己似乎根本得不到某件东西时，才明白自己对它的渴望是多么强烈。如果意识到自己拥有一件别人需要且渴望立刻买下的稀有物品，你就占据了巨大的谈判优势。

第七章
力量与感知

💬 冷漠的力量

在谈判中要保持冷静，喜怒不形于色，而且展示出一种冷漠的态度，这就是人们常说的"扑克脸"。要让对方感觉到你并不在意是否要购买或出售产品。

观察电视里那些棋牌比赛的冠军，你会发现，无论赛况如何，他们的面色始终平静如水，好像对整场比赛感到厌烦。尤其是在对方急于达成交易的时候，这一策略的效果会更好。如果你的态度冷漠，对方却十分热情，你就有可能达成更有利于自己的交易。

谈判
NEGOTIATION

💬 勇气的力量

在谈判中,你要坚持强硬的立场,提出明确的条件和要求,并为此不惜承担谈判失败的风险,必要时甚至放弃交易,这些表现可以证明你是一个有勇气的人。如果对方看到你对自己正在做的事和提出的条件信心十足,通常会心生敬畏,进而给出更好的条件。

💬 全力以赴的力量

如果对方看到你全身心地投入到交易中,不惜一切代价都要达成交易,那么他就能感知到你的力量。

第七章
力量与感知

第二次世界大战期间,英国在新加坡驻军80000人,装备精良,战力足以击退入侵的日军。然而,日军却以更少的兵力就将新加坡从英军手里夺走。之所以能做到这一点,就是因为日军的表现使英军认为,他们会全力以赴地争取胜利,占领该岛。正是因为认识到了日军进攻的决心,才导致英军最后投降。

💬 专业知识与技能的力量

如果对方能充分认识到你所具备的专业知识或技能,那么你将拥有巨大的谈判优势。如果要出售精密产品或服务,你需要掌握一切相关的背景资料或技术,这样一来,与对产品或服务了解不足的买

方相比,你具备了明显的优势。

到我写作此书为止,世界上最成功的零售店是苹果(Apple)专卖店。美国纽约的蒂芙尼(Tiffany & Co.)专卖店每平方英尺(1平方英尺≈0.09平方米)的平均销售额为2000美元,而苹果专卖店每平方英尺的平均销售额高达4600美元。为什么差距如此之大?因为苹果专卖店的员工对其产品和服务的熟悉程度高得令人难以置信,以至顾客愿意花成千上万美元去购买他们进店前从未听说过的产品。

第八章
情绪对谈判的影响

情绪是谈判中的关键因素。情绪,尤其是渴望、贪婪、恐惧或愤怒,都会对你的谈判产生正面或负面的影响。谈判时如果能将这些情绪排除在外,你将更有可能为自己或组织争取到最有利的交易条件。反之,越是感情用事,越无法取得令人满意的结果。

情绪会歪曲人的判断。如果一个人受制于自己的情绪,就无法进行冷静的思考,无法做出明智的决策。在谈判过程中,设法保持冷静,将有助于你达成更好的交易。

谈 判
NEGOTIATION

💬 正视失败的可能

在谈判过程中，最有影响力的情绪是渴望。你购买或出售某件商品或服务的愿望越强烈，在谈判中所占的优势就越小。

如果特别想得到某样东西，你可能会不惜一切代价。如果对方知道你的愿望如此强烈，他肯定会加以利用。

还记得本书第七章阐述的"冷漠的力量"吗？问问自己：如果得不到这样东西，后果如何？如果无法取得谈判的胜利或者没有买到这样东西，最坏的结果是什么？

提前做好无法得偿所愿的心理准备。不论是买方还是卖方，如果你能冷静地面对谈判失败的可能

第八章
情绪对谈判的影响

性,就能做出更加明智的决策。

💬 控制情绪

贪婪是另一种易造成思维混乱的情绪。希望不劳而获,或者以远低于预想价格的金额获得某物,这会使你情绪失控,无法冷静地思考。想得到自己不应得到的东西,或者达成一个看上去条件好得离谱的交易,这样的想法会使你理性决策的能力大打折扣。

除了渴望与贪婪,恐惧是第三大危险情绪。当你对某个结果感到恐惧时,很容易因为紧张而采取不符合自身利益的行动。因此,如果你毫不在乎能否实现既定目标或者取得理想的结果,你的情绪也

能得到平复。

最后，另一种可能导致你在谈判中做出错误决定的情绪是愤怒。善于操纵别人的谈判者常常利用对方的恐惧和愤怒的情绪煽风点火，使其在仓促的情况下做出对自己不利的决策。

时刻保持冷静

无论何时，在谈判中，只要你意识到自己开始感情用事，就要提出"暂停"。稍事休息，出去散散步，午饭后或改天再继续谈判。通过自我控制，避免自己在陷入某种情绪时做出重要的决策或接受某个条件。

可以问自己一个问题："那又怎么样？"如果交

第八章
情绪对谈判的影响

易破裂或无法顺利进行,那又怎么样?我的导师是一位非常成功的企业家,我永远记得他的教诲。当我对一桩可能达成的交易感到兴奋时,他会对我说:"博恩,交易就像公共汽车,总会再来。不要对一笔交易过度兴奋或担忧。如果这次不顺利,就别再想了,还会出现其他机会。"

一位智者也曾告诉过我:"有时候,最好的交易就是你没有达成交易。"

培养超然的心态

控制情绪关键在于提前做好心理准备,培养超然的心态。谈判开始时,你可以先做深呼吸,仔细审视自己,保持冷静。不要带过多的情绪去谈判,

也不要过分执着于这一笔交易。

在谈判中保持冷静和超然的心态是占据优势地位的关键。请记住，谁在谈判中掺杂的情绪更多，谁的力量就更弱。

第九章
决策中的时间因素

在高效的谈判中,时间和时机是重要的因素。通常情况下,如果你能提前规划好时间,就能通过谈判达成满意的交易。

💬 选择合适的时机

例如,你在购买新车时可以采取这样一些策略。销售人员每个月都要完成一定的销售额。如果你在一个月的前三周去汽车零售店,他们还未面临销售

谈判
NEGOTIATION

业绩的压力,因此会开出最高的价格,谈判的余地也最小。

买车的最佳时机通常是月底的两三天。有时间你可以先去店里试驾,选择心仪的汽车,但要等到月底的两三天再去谈价格。这样一来,你将得到一定的优惠,有时候力度非常大。

几年前,我组织了一次销售研讨班,有1000多人参加。当时,我向在座的未来可能考虑买车的听众随口说出了上述买车的小策略。但让我吃惊的是,听众中坐着近100位来自不同公司的汽车销售人员,他们对我的"揭秘"气愤不已。研讨班结束后,他们竟然追着我来到马路上,对我破口大骂,说我曝光了汽车销售行业里最重大的一个秘密。

第九章
决策中的时间因素

💬 当心紧迫感

影响时机的关键因素或许和紧迫感有关。越是急于购买某个东西,你的谈判力量就越弱。优秀的销售人员和谈判者会使用一切方法,让客户产生紧迫感,从而大大削弱他的谈判能力。

销售人员可能会这样说:"如果你今天不买,到明天上午,整个价格就会发生变化。"或者"今天这款商品有特价,下午五点之后就会全部恢复原价。"

如果有人利用这种伎俩,让你必须立即做出决策,否则就会错过特价,你可以对他说:"如果现在就决定,那么我的决定是'不';但如果给我时间仔细考虑您提出的条件,我的决定或许会有所改变。"

谈 判
NEGOTIATION

在美国历史上,有一段时间,消防是一个营利性行业,为私人所有。当有房子发生火灾时,房主会派人前往消防部门,请求尽快派遣消防车。消防车抵达火灾现场后,双方会商谈救火的费用。不难想象,此时房主无法讨价还价。正是因为存在这种不平等现象,最后所有从事消防业务的部门都归市政所有和管理。

💬 不要仓促做决定

另一个操控别人的伎俩是"让你仓促行事"。这种方法就是催促你,或者让你来不及仔细思考就做决定。只要有人试图催你快点做决定,你就可以反驳:"我需要更多时间来思考这个决定,过几天

第九章
决策中的时间因素

再说。"

事实上,很多谈判高手会采用拖延战术。拖延是一种最残忍的拒绝。如果对方想知道结论,那么你将谈判或决议在一定的期限内拖得越久,就越有优势。

延期达成协议是一种自我保护的有效手段。将重要的决定搁置至少二十四小时,你就有充足的时间进行反思和深入的思考。在谈判中,思考的时间越长,越能做出明智的决定,最终达成有利于自己的协议。

💬 设定最后期限,但避开最后期限

有关时间和时机的另一个有效手段是设定最后

期限。在可能的情况下，向对方提供一个做决定的最后期限。并告诉对方，如果在最后期限之前他还未做出决定，一切免谈，届时价格及交易条件都会改变，你将把产品或服务出售给别人。

赫布·科恩（Herb Cohen）是一位大师级谈判专家和谈判导师，曾讲过一个故事，这件事也让在职业生涯早期做主管的他得到了一个宝贵的教训。

当时他被派往日本洽谈一份高额的生产合同。这份业务合约对于他的公司以及作为年轻管理者的他本人都非常重要。

抵达日本后，日方将他视为贵宾，用豪华轿车来接机，送他去酒店入住，表示会负责他在日本期间的一切事宜。同时，日方借了解他的返程日期，安排车辆送他去机场为由向他索要机票，因此得知

第九章
决策中的时间因素

了他将在日本待六天,然后启程返回美国。

在接下来的五天里,日方大摆筵宴、精心招待他,还带他去工厂四处参观,但绝口不谈业务。见对方如此殷勤,他也尽量以礼相待。直到最后一天,双方才开始正式谈判。在前往机场的路上,他们还在商讨最后的细节问题。如果当时他能早点儿识破对方在谈判时间上使用的伎俩,就不必接受那么糟糕的一笔交易。

谈判中的二八定律

在谈判的时间安排上,二八定律具有特殊的意义。该定律是指,在任何谈判中,最后 20% 的时间可以解决 80% 的重要问题,完成 80% 的交易价值。

前80%的谈判仅仅解决了20%的问题。

你必须承认,谈判中前80%的时间的讨论会围绕一些无关紧要的问题。只有到了谈判的尾声,时间所剩无几时,你们才开始进入正题展开讨论,往往在最后针对最重要的问题达成共识。

根据我的经验,在谈判的第一阶段,你必须有耐心,仓促行事毫无意义。如果双方有两个小时的时间来讨论一笔交易,你们将在最后半个小时内决定最重要的问题。所以,一定要有耐心。

第十章
明确自己的目标

令人诧异的是，很多人在开始谈判时，还不清楚自己究竟想要什么，因此只能一边谈，一边构思自己的目标和需求。这样一来，他们很容易受到干扰，在对方的劝诱和操纵下高价购买或低价出售产品或服务。

解决这一困境的方法就是，在谈判前仔细考虑你的理想结果是什么。问一问自己："如果谈判进展得非常顺利，我希望取得什么样的结果？"

然后，将想法写在纸上。提前将你能想到的全

部情况描述出来，并写在纸上。与那些不清楚或不确定自己想要什么的人相比，有明确需求并将其写下来的人具有明显的优势。

与他人讨论

尽可能与其他人讨论即将进行的谈判，向其详细解释谈判的理想结果。与他人讨论并把想法写下来，并不意味着你能免费获得产品或服务，也不是说你要实现的目标会损害他人利益。但是，提前对谈判进行认真思考，会大大增加双赢的可能性，对方也会感到满意。

在这个过程中，你还需要确定，为了达到理想的结果，你打算付出多大的代价。要通过谈判或交

第十章 明确自己的目标

易得到你所渴望的东西,你打算提供什么,或者做出哪些让步?

最佳结果、中等结果与最差结果

你要从最佳、中等和最差这三个层次考虑可能出现的结果。进入谈判环节时,也应该记住这三种结果,并从开始就以最理想的价格和条件为目标。

如果一开始就提出最高的卖价或最低的买价,后续的进展往往会令你大吃一惊。有时候,因为一些你无法控制的因素,对方可能会立刻同意你的条件,无须再进行谈判。

中等结果是指可以接受的结果,最差结果是可能出现的最糟糕的结果。如果你被迫接受最差结果,

谈 判
NEGOTIATION

这就是你能继续交易的最低要求,也被称为"最后的退路"。尽管不愿意,也不得不退到这个层面上,但这是你继续谈判的底线。如果条件低于这个底线,你就应该停止谈判。因此,要提前做好心理准备,明确你可以接受的最差条件。

在谈判过程中,你要从哪里开始讨价还价?第一种,可以从略高于最佳结果或最优结果的地方开始。你可以在谈判的过程中不断做出让步,最后降低要求。但起点始终是你期望实现的最佳结果。

劳工谈判专家非常善于运用此种战术。在工会合同谈判中,他们首先会提出一年后加薪50%的要求,同时要求提升工人的医疗待遇、退休金与其他福利。他们会说,这是签订新工会合同的最低要求。

然而,等到尘埃落定时,他们接受的条件是,

第十章
明确自己的目标

两年内加薪 5%,在医疗待遇和退休金方面没有提升。然后,他们回去后会告诉工会成员,这是一次伟大的胜利。

你应在谈判前认真思考谈判的最佳结果、中等结果和最差结果,必须清楚自己想要什么与不可能接受什么。之后从最理想的结果开始,逐步放宽条件(或降低要求)。

第十一章
谈判成功的四大要素

美国哈佛大学的学者研究了数千场不同规模的谈判,不仅包括商业谈判,而且还有国内、国际间的政治谈判。通过研究,他们找到了成功谈判的四大关键要素。[如果你想深入了解此谈判项目,可阅读罗杰·费希尔(Roger Fisher)、威廉·尤里(William Ury)与布鲁斯·巴顿(Bruce Patton)合著的《谈判力:无须让步的说服艺术》(*Getting to Yes: Negotiating Agreement without Giving In*)]

第十一章
谈判成功的四大要素

（1）人。成功谈判的关键是将人的个性与其所面临的问题区分开。不要感情用事，大脑和眼睛要集中在谈判的目标上，不要让积极或消极的个性将自己带离谈判的主题。

（2）利益。谈判开始时，要明确谈判各方的利益或需求。写出需求之前，先列出你要实现的目标，然后再确定，为了实现目标你需要在谈判中得到什么。

与谈判各方坐下来开始谈判之后（甚至在此之前），你需要花点时间掌握对方在此次谈判中的愿望和需求。你可以问对方："如果讨论进行得很顺利，您预计我们最终会实现什么样的结果？"

（3）选择。在对各种问题展开辩论之前，先针对你不同意的地方拟定不同的选项，创设多种可能

性。你可以通过头脑风暴，制订出多种多样的备选方案，并利用思维导图、白板或挂图加以展示。

（4）标准。通常也被称为"边界条件"。在谈判之前，双方同意为谈判结果或结论制定客观标准：你该如何判断交易是否令双方满意？你要避免哪些情况？达到哪些目标？或者坚持哪些立场？

明确双方想在谈判中实现什么目标后，你可以将该目标与各种选项和结论进行比较。你可以说："好的交易将满足这个条件，为我们带来那种结果，实现这个目标。"换言之，好的交易对双方都有利。

最后，你要仔细思考并讨论能够满足自身利益和需求的各种方式，这些利益和需求应该符合你已经确定的客观标准或边界条件。

第十一章
谈判成功的四大要素

这是一种有效的谈判过程,能使人的注意力集中于客观条件,摆脱个性和其他问题的干扰。

第十二章
准备是关键

真正的专业人士,其标志是善于做准备。在谈判方面,80%以上的成功都基于你在第一次会谈之前所进行的全面筹备。

你首先要考虑主题:打算谈什么?本次谈判的目的是什么?你必须明确自己想要实现的目标和双方需要公开讨论的问题。

对于这次谈判,你的目标是什么?在讨论的过程中你想取得什么结果?明确目标,不仅有利于它的实现,也能让谈判对手了解你的目的。

第十二章 准备是关键

💬 选择意味着自由

选择是你最好的朋友,拥有多种选项能使你在谈判中达成最佳交易。选项越多,做出最佳决策的自由度就越大。在谈判中,只有具备充足的选项,你才能拥有自由。

如果没有提前准备好选项,就只能同意对方提出的条件,你便会受到束缚。但是,如果准备了多种选项或不同的方案,你将具备更多的优势、力量和讨价还价的余地。制订尽可能多的备选方案,将它们写在纸上,并在谈判开始之前逐一地仔细思考。

做好充分的准备,进行调查研究,找到谈判所涉及的产品或服务的其他来源。明确你应该支付的

价格、交货的时间等。如果你有多种选择,就能以冷静、轻松的心态进行谈判,从而在整个谈判过程中充分发挥冷漠的力量。如果有一系列成熟的备选方案,就可以自由选择是否接受对方的条件。最后,你通常能达成一笔更好的交易。

💬 尽可能了解一切

准备工作的另一个重要方面是充分了解谈判对手。如今,做准备工作时最好用的工具是互联网。只需要点几下鼠标,检索出的信息量就足以令你吃惊。

通常情况下,你可以找到曾与你的谈判对手进行过谈判的人。可以给他们打电话,说明你的情况

第十二章
准备是关键

并征求他们的意见。有时候,一句建议或见解就能让你在未来的谈判中占据优势。

我的一位朋友发现某制造公司有一条产品线非常适合他的公司,便打算收购该公司。但该公司的老板开出了高达数百万美元的收购价,还有一些收购后需要履行的苛刻条款。

我的朋友给自己熟识的银行家打电话,询问他是否认识与那家公司有业务往来的银行工作人员。通常情况下,银行家们互相了解。于是,这位银行家给欲出售公司的老板合作的银行家打了电话,私下了解到,那家公司遭遇了严重的财务危机,如果管理层在几天内找不到买家或新的资金来源,公司将会倒闭。

了解了这一情况后,我的朋友与那位气势汹汹

的老板坐下来，达成了一笔非常好的交易。只要承担该公司现有的负债，他不用花钱就可以将其买下，然后用公司赚取的利润向原老板兑现购买条件。

💬 质疑并验证假设

彼得·德鲁克（Peter Drucker）曾写道："错误的假设是失败的根源。"

错误的假设是谈判中出现分歧和误解的主要原因之一。在谈判中，人们大部分的时间都被用于处理某种不正确的假设。

因此，开始谈判之前，你要先问问自己："我的假设是什么？"说得更具体些：你有哪些显性假设？还有哪些隐性假设？对方有哪些显性假设和隐性假

第十二章
准备是关键

设？你的对手是否认为你确实想达成这份协议？他们认为你的态度是无所谓的、友好的，还是充满敌意的？他们假设你是个好人，还是一个难以相处的人？

最重要的是，你的假设是否正确。你要清楚，如果假设错误，将出现什么情况？如果带着错误的假设进行谈判，该如何改变自己的要求或立场？

开始谈判时，往往会有这样的假设，即对方想与我们做交易。但有时候，情况并非如此。对方与你谈判，可能只是为了在与真正想交易的人进行谈判时占据有利地位。他们只是想知道自己能得到的最好条件有哪些，然后再与自己真正想进行交易的人谈判。

因此，在深入谈判之前，你需要仔细思考，明

确各方的假设。

💬 明确主要问题

最后,你在为谈判做准备时,请思考一下:主要问题是什么?双方的愿望和需求有哪些差异?双方会在哪些方面发生冲突或矛盾?需要讨论并解决哪些细节问题?

准备工作做得越细致,你的优势就越大,达成交易的效果就越好。关键在于做足准备,掌握真正的事实,而非假设的事实。知识就是力量!

第十三章
明确各方立场

你的立场是谈判的基础，它包括你从哪里来，要到哪里去，能接受或愿意接受的条件等。这些就是本书第十一章所讲的标准或"边界条件"，是在谈判中必须面对和决定的限制、界限和因素。

你的立场包括你心目中的最佳结果和最差结果，也包括可以接受的最高价格与最优条件，以及最低价格与最差条件。

谈 判
NEGOTIATION

💬 思路清晰最重要

那么，成功的谈判需要哪些必要条件呢？为了使谈判"物有所值"，你必须从这一过程中收获什么？无论发生什么情况，哪些东西是你绝对不会放弃的？为了实现目标，你愿意做出哪些让步？你会要求对方做出哪种让步？你能做出哪种让步？

让步的规则是，绝对不要在谈判中做出不需要对方让步的单方面让步。如果你在谈判中随意退让，却不要求对方有所回应，那么对方会将此视为软弱的标志，进而要求你继续做出让步。

第十三章
明确各方立场

💬 知道你所面对的是什么

你要尽一切可能了解和考虑对方的最低要求和最高要求。对方的基本愿望或想要的结果是什么？在谈判中必须要实现的目标或得到的结果是什么？

前一段时间，我参加了一场办公场所租赁合约的谈判。在谈判之前，我先进行了分析。经过仔细的研究，我发现该房产的所有者只在满足一定条件的情况下才会出租其房产。租约中的租金必须达到一定金额，否则抵押持有人不会批准租约。掌握这一信息后，我就明白了，该房产所有者的要求一定在某个范围之内。

房产所有者可以就租赁合同中的多项因素进行谈判，但基本租金由抵押持有人控制。我可以与房

产所有者讨论减免租金、停车位等问题，但租金必须达到一个最低标准，不然租约就不可能得到批准。

此外，我还了解到，这栋建筑的所有者当时正面临财务危机，要保住这栋建筑，他必须在短期内把 80% 以上的地方租出去。了解了他的基本要求后，我就可以在租赁区装修、公共区域费用和我方员工停车等方面展开谈判，拿到对我方更有利的条件。

角色互换

完善谈判结果的最佳方法之一，是先站在对手的角度阐述论据，然后再准备自己的论据。

在法学院，学生们要先学会为对方准备辩词，像担任对方代理人一样，基于案情事实提出一套完

第十三章
明确各方立场

整的论据。为对方准备好辩词后,他们才开始准备自己的辩词。

通过这种训练,优秀的律师或谈判者能够客观诚实地思考对手的优势与劣势。这种技巧可以使你更好地理解即将与对手讨论的问题,预测他们会提出什么要求及其论据的力度。

在谈判之前进行角色互换。站在对手的角度,将自己想象成要通过谈判达成最佳交易的另一个人,然后想象一下,如果你是对方,你会提出什么要求?你的立场有哪些优势和劣势?哪些问题更重要,哪些问题不重要?

在签订一间新办公室的租赁合同时,我遇到了一位不好对付的房东,他提出的条件很苛刻。

我的劣势在于,喜欢这间办公室的便利,但不

谈 判
NEGOTIATION

想被五年的租期束缚。我希望租期能灵活一些，以便将来在必要的时候搬到更大或更小的办公室。

在谈判之前，我将房东可能会问的所有问题都写了下来，大约有二十项。然后在另一张纸上写下了自己的谈判立场。

直到现在，我回想此事时仍然觉得诧异，因为我没有提前思考房东的立场，否则将达成一笔更好的交易。那样一来，我们用不着花几个小时进行讨论，只用三十分钟就能解决所有问题。

💬 深思熟虑

每次在谈判中使用这一技巧时，取得的结果都一样——我总能达成一笔更好的交易，使双方获得

第十三章
明确各方立场

双赢。请记住,在谈判中,各方都有非常关心的问题,也有不太关心或无所谓的问题。谈判成功的原因在于,双方能够在对各自不重要的目标上做出让步,同时实现对自己有利的最重要的目标。提前将所有目标写在纸上,有利于你更清晰地梳理思路,提高谈判的效率,达成更好的交易。

几年前,在乘飞机前往纽约,去洽谈一份将给我带来数万美元收益的合同之前,我坐下来,拿出纸笔,将我认为的理想方案一字不差地写了下来。

我们本来准备用一整天的时间来商谈合同条款,但在开始前,我问对方:"如果进展顺利,您希望得到什么样的结果?"

对方对这个问题感到惊讶,但还是诚实地回答:此次谈判的理想结果,就是按照他们提出的价格和

条款来签订合同。这就是他们想要的结果,并且他们认为,这对我来说也是理想结果。

作为回应,我也说出了我的期望,与他们的目标相差不大。我们在所有细节上达成了共识,敲定了所有的重要问题。整个谈判过程只用了不到两个小时的时间,双方对结果都很满意,皆大欢喜。

第十四章
四问题法则

回顾过去的数千次谈判,无论过程是简单还是复杂,我们都发现,在谈判中往往只需要确定四个主要问题。虽然存在很多小问题,但通常情况下,主要问题只有四个。甚至有些时候,主要问题可能只有一个、两个,或者是五个,但"四问题法则"认为,通常情况下,谈判的主要问题有四个。你的任务是,仔细思考并确定你和对方的四个主要问题分别是什么,以及怎样才能有效地解决这些问题。

在四个主要问题中,有一个对个人来说最重要

的首要问题,此外还有三个次要问题,它们也很重要,但均略低于首要问题。

例如,当你买房子时,首先关注的是房子本身——它的布局、外形和房屋情况。然后才会关注价格、付款条件、购买时包括的内容、入住时间等相关细节。再如,当你要买一辆新车时,首先关注的往往是车的型号、颜色和大小;但同一款车有多家经销店在售,你可以就价格、以旧换新抵价、配饰或付款条件等方面再与各店进行谈判。当你决定要买某一款车后,你的首要问题很可能就是车的总价,接下来就是用旧车抵价、新车配饰、利率和付款方式等问题。

第十四章 四问题法则

💬 谈判僵局

在谈判过程中,各方的首要问题可能各不相同。如果双方的首要问题一样,那么达成协议的难度将会大大增加。

例如,自 1947 年以来,以色列和巴勒斯坦一直在中东地区进行谈判。双方的首要问题都是以色列领土和以色列国家的存在问题。对以色列来说,首要问题是继续以国家的形式存在。而巴勒斯坦的首要问题是不承认以色列这个国家。因此,只要双方仍然坚持各自的主要立场,谈判可能会持续数十年,并且永远找不到解决的办法。

💬 你的首要问题

"四问题法则"是一个有效的思维工具,它能使你的谈判思路更加清晰。确定各方的首要问题之后,才有可能找出双赢的解决办法,让双方从谈判中得到最重要的东西。然后你们可以就剩下的小问题继续谈判或做出让步。

最后需要说明的一点是,双方的首要问题似乎都要到最后关头才能敲定。二八定律同样适用于谈判,最后 20% 的谈判时间内会涉及 80% 的最重要问题。

💬 就无争议问题达成共识

前文中(本书第一章)我举过一个与房地产相

第十四章
四问题法则

关的谈判案例。那次谈判涉及一份冗长的租赁合同，新的房产所有人在原合同的基础上做了 52 处改动。我发现对这类谈判有一个十分有效的技巧或策略：从头至尾仔细检查整份合同，讨论每一个可能出现分歧的条款或问题。

你会发现，不管是多大的合同，你与对方基本可以就合同中 80% 的条款达成共识。遇到有分歧的条款时，你们可以暂且跳过，继续看下一个双方意见一致的条款。读完整个合同后，再从头至尾地浏览一遍，重新思考那些存在分歧的地方。在这一次，你可以设法做出让步、妥协或者某些交易，以解决这些矛盾。但最后依然会有悬而未决的问题。

接下来，你要第三次浏览协议，必要时可以浏览四遍。到了一定程度以后，你会总结出"最后的

四个问题"。此时你就进入了"四大问题"阶段,一个是必须要解决的首要问题,以及三个小问题。这时,你可以准备开始正式的谈判了。

💬 录用条款

在应聘新工作的时候,薪水和福利待遇的谈判关系到你的未来收入与工作满意度。

大多数人认为,他们的首要问题是从一开始就拿到最高薪资。但是很多公司对于一个岗位的报酬存在一定的限制,因此往往不能满足你的薪资要求。在这种情况下,你需要转换思路。你可以争取更多的福利待遇,例如,公司配车、更好的医疗保障、法定节假日之外的假期、弹性工作时间等。

第十四章
四问题法则

最佳策略是，如果发现雇主在这些问题上不能做让步，你可以就加薪的条件进行谈判，并与他达成共识。重要的是，你要让雇主同意在九十天内对你进行考核。如果达到了一定的标准（这些标准是书面的且有量化指标），你将获得一定数额的加薪。无论应聘什么样的工作，这都是一个有效的谈判策略。

第十五章
暗示的力量

人类会受所在环境的直接影响,也会受周围的人和环境的暗示性影响。

你有95%的思维、感觉和决策会受环境暗示的影响,或者完全受其控制。因此,你需要当心周围的暗示性影响,以及它们对你与对方思维的影响;同时,尽一切可能控制这些因素。

第十五章
暗示的力量

💬 谈判地点

以谈判地点为例。在某些情况下,谈判的地点可能对你们最后达成的协议条款产生重大影响。如果在别人的办公室里进行谈判,周围是对方熟悉的摆设和职员,你自然会处于不利地位。你在自己的舒适区之外,而对方却牢牢驻守在自己的舒适区,因此你在心理上落了下风。对方也会更自信、更威风,而你会感到信心不足,缺乏底气。

你常常会发现,在一些气氛较为严肃的谈判中,例如,劳资关系谈判、政治谈判和非常复杂的商业谈判等,各方会同意选择一个单独的谈判地点——中立的,不属于任何一方。这样各方受到的环境的暗示性影响会大致相同。

与在别人的办公室、会议室等能让对方具有心理优势的地方讨论严肃问题相比,在一家小饭馆里边喝咖啡或边吃午饭,同时讨论一些简单的问题,后者的效果会更好。

💬 性格的力量

性格也是一种暗示性因素。在谈判中,最好的对手类型是能够体恤他人、热情友好的人。如果对方的性格令你感到舒适,那么你会更愿意接受他提出的要求,并做出积极的回应。反之亦然。和寡言少语或生硬粗鲁的人相比,友好且令人愉悦的人更有可能帮你实现更好的交易。

体恤他人已被认为是一流销售人员的最重要的

第十五章 暗示的力量

特点。善于帮助别人达成交易的人似乎都具有很高的共情能力,能受到别人的欢迎和尊敬,其他人也很乐意与他们达成协议。

💬 座位安排和身体语言

另一个暗示性的因素是座位安排和身体语言。美国芝加哥大学洛杉矶分校的心理学家艾伯特·梅拉比安(Albert Mehrabian)认为,55%的人际交流是通过身体语言——移动身体,改变相对于其他人的位置——进行的。

座位安排的基本原则是,避免与你的谈判对手相对而坐。当你与对方面对面坐在桌子两边时,你会自然而然地将彼此放在一个敌对的位置上。这种

无意识的信息会暗示你,你和对方互为敌人,准备投入某种"战斗"。多年来,我发现,和对方坐在一张圆桌上,或者斜对而坐更有利于达成协议。

💬 你的双手会传达信息

另一个暗示性因素,也与你的身体语言有关,即双手和双臂的姿势,以及移动身体的方式。例如,当你的双臂交叉放于胸前时,暗示拒绝与对方争论。你是在告诉对方,你拒绝或反对他所说的话。

表示开放、诚实和诚意的通用手势是摊开双手。在谈判中,当你坐下来,打开双臂,伸出双手,手心朝上的时候,就表明你说的话合情合理,所表达的内容是友好的,不会给对方造成任何威胁。

第十五章
暗示的力量

如果在对方说话时,你身体前倾,认真倾听,注视他的嘴巴,并频频点头,那么给人的印象就是积极、热情的。对方会认为你对他的话很感兴趣,并且真诚地想要达成一份所有人都满意的协议。

其他暗示性因素

舒适。如果周围的环境——家具、光线、温度——十分舒适,更有可能达成一个更好的交易。

休息或疲劳。如果你在讨论之前得到了充足的休息,谈判的效果会更好。

食物、饥饿、口渴。如果在谈判之前能合理饮食,你的大脑就能以最佳状态运转。合理补充水分也同样重要。最好的健脑食物是富含蛋白质的食物,

避免吃面包、百吉圈、香肠和熟肉，这些食物会令你在中午前就昏昏欲睡。此外，与对方用餐后进行谈判也是一个有效的暗示技巧。每当我们与别人一起用餐后，往往会对那个人产生更好的印象，也会更加友好地对待他。分享能够拉近人与人的距离。

你的态度。最后一个有效的暗示性因素是你在谈判中的态度。在谈判中，与消极的态度相比，积极的态度，即愉悦和乐观，更有利于你获得想要的结果。

第十六章
通过互惠说服他人

罗伯特·西奥迪尼（Robert Cialdini）在其著作《影响力》（*Influence*）中，列举了最能影响他人思考方式与反应方式的若干因素。他认为，影响最大的是互惠。大量研究表明，互惠——既有付出又有回报——是达成共识与承诺的最有效的途径。

在与他人的交往中，人类往往会追求"公平"。这意味着，如果你为我做了某件事，我也应该给予回报，为你做等量的或超量的事情。这是人类的正常本能，是文明的基础，也是"合同法"的依据，

它让所有的交易成为可能。

💬 为他人做点事

在谈判中,你需要为他人做点事。这意味着,当你做了有利于他人的事,哪怕是为他扶了一下椅子,或者亲自为他倒了一杯咖啡,都能使对方在内心深处不自觉地产生报答的欲望——以积极的方式回报你的好意。

当你问及他人的生活、工作、家庭等情况时,要真诚地倾听对方的回答,从而使对方感到愉悦。

💬 运用"苏格拉底法"

为了实现互惠,你可以运用"苏格拉底法"。苏

第十六章
通过互惠说服他人

格拉底说过:"首先,确定你们能在哪些方面达成共识;然后,再讨论有意见分歧的争议性问题。"

如本书第十四章所述,我建议在谈判时双方逐一对每一项条款进行讨论。如此你会发现,在很多问题上可以达成共识。经过讨论,在各种问题上达成一致意见后,你们就有了达成最终协议的积极动力。

■将争议往后放

在谈判中讨论一个问题时,可能会遭到对方的坚决反对,这时你应立即说:"我们过一会儿再讨论这个问题。"

如果能迅速跳过有争议的问题,可以减少对方产生的消极情绪和抵抗心理。如果你在谈判初期接受了大部分条件,对方也更容易同意后面的条件。

先让讨论轻松顺利地进行下去，对方出于互惠的心理也会让后续的讨论轻松顺利地进行。

在谈判之初，要做"付出者"而不是"索取者"，尽你所能满足对方提出的要求，从而使对方越来越乐于接受你提出的条件。

■不要急于同意

另一个可以运用的谈判技巧是，即使你对某个问题没有异议，也不要立刻表示同意，要先表现出谨慎和勉强的态度。如果毫不犹豫就做出让步，对方会以为这种让步对你来说无关紧要。但是，如果你的表现让对方看出这一让步的重要性，就会使其产生以后给予相应回报的念头。

第十六章
通过互惠说服他人

💬 把"公平"挂在嘴边

在人际关系与谈判中,最重要的一项情感原则是公平原则。你要尽量把"公平"二字常挂在嘴边,这能刺激对方给予积极的回报。你可以这样说:"为了公平起见,我认为这个问题应该这样解决。"或者"这种情况对我们来说显得不够公平。"抑或"我只是希望对双方都公平。"没有人会反对追求公平。

💬 要求对方给予回报

如果你已经在一系列小问题上不情不愿地做出了让步,接下来你就可以说:"看,我们已经接受了您在这些方面的要求。并且到目前为止,一直都是

我们在让步，现在我们唯一的要求就是您能在其他方面也做出一些让步。"这里的"其他方面"当然是对你来说最为重要的方面。

💬 价格与条件不一样

请记住，在谈判中，价格和条件是截然不同的元素。只要能获得有利于自己的条件，你可以接受高于预期的价格。可以告诉对方，如果他愿意以更好的条件作为回报，你将接受更高的价格。

我的几位朋友曾进行过一场涉及上百万美元的地产合同谈判。从市场对比情况来看，该地产本身的价值不超过60万美元，但是卖方开出的价格是100万美元，因为他的一位好友刚刚以100万美

第十六章
通过互惠说服他人

元出售了一块面积差不多的地产。当然,那块地的位置更优越,更适合开发,也更值钱。但是,这位土地所有者也坚持售价100万美元,否则拒绝出售。

我的朋友最终接受了卖方的要价,不过前提是他们从卖方那里得到了令人满意的条件,即每年支付50000美元,20年付清,且不计利息。等他们将土地分割出售后,可以从客户那里拿到资金,进而加快支付速度。

对土地所有者来说,最重要的因素是100万美元的售价;而对我的朋友来说,最重要的因素是支付条件;双方各取所需,最终达成令人满意的协议。

通常情况下,当谈判开始时,你会觉得双方似乎难以达成一致的意见。但是,如果你将注意力从

价格（这通常是谈判的主要问题）转移到交易条件上来，往往就能达成皆大欢喜的双赢协议。历史上最重要的几个商业交易都是通过这种方式完成的。

第十七章
通过社会认同说服他人

能左右一个人想法的重要因素之一是,"像我一样"的其他人在类似的情况下做了什么。我们认同的人以及与我们相关的人的行为会对我们自身产生重大影响。

攀比

一位上门推销杂志的女推销员曾来到我家。她十分热情、友好,先做了自我介绍,然后说:"我给

谈 判
NEGOTIATION

您的邻居打过电话,他们一般都会订我代理的六种杂志。我觉得您或许也有兴趣看看这份清单。"

套用电影《甜心先生》(*Jerry Maguire*)里的一句台词:"一见到她我就沦陷了。"

我还来不及思考是怎么回事,就已经像邻居们一样订了那六种杂志。虽然我怀疑我的家人是否会阅读这些杂志,但是管他呢,如果大部分邻居都订了这六种,我们怎么能拒绝呢?

别人——特别是那些我们认为与自己有相似的兴趣、职业、收入甚至宗教信仰的人——做了什么或买了什么,都会对我们产生重大影响。假设你正在和某个人就某种产品谈判,但对方表现得很消极或者兴味索然。那么你可以说:"好吧,我之所以和您谈,是因为您的兄弟上周刚买过两件这种产品,所

第十七章
通过社会认同说服他人

以我想知道您是否感兴趣。"于是,突然之间,对方就会改变态度。只要他知道自己认识、喜欢且尊敬的某人已经买了同样的产品,或者达成了同样的协议,他也会立即产生购买或达成协议的欲望。

获得社会认同

学会利用与对方认识的人有关的事实、统计数据、名字、数字和证明。所谓社会认同,指的是做出了同样决策的其他人,它能证明你提出的交易条件是合情合理的。

例如,当你要买一辆新车时,销售人员通常会说:"像您这样的商界人士在购买这款车时,通常会选购 GPS 定位系统。"

谈 判
NEGOTIATION

如果别人告诉你,"像你一样"的人已经做出这种购买决定,签订了购买合同,你就坐不住了,想要拒绝的想法也随之减弱。

告诉对方,与他相似的人在相似的情况下做出了相似的决策和让步。如果你不断地指出别人已经签订了类似的协议,就是在证明你的要求是公平合理的。这是一种有效的说服方法。

假设你正在与一位医生进行谈判,想说服他购买一套新的计算机操作系统来管理事务。如果你说,其他几位医生已经购买了这套系统,那么他的抗拒心理也会消失大半。

当你与对方就一个存在争议的条款进行谈判时,可以以其他人为例,此人起初也反对这个条款,但最终还是接受了。得知与自己相似的人没有拒绝这

第十七章 通过社会认同说服他人

项要求,对方也会更容易接受。

💬 利用各种证明信

如果已经按照你提出的条件签订了协议的那些人可以提供书面证明、信函或清单,这将成为最有说服力的社会认同。

不久前,我与一家大银行就一份咨询与培训合同进行了谈判。由于费用问题,这份合同不断地被拿去向上级请示直到行长。然而,行长回复说他不太愿意签订这份合同。但是,他又表示,如果我能提供一份曾与我方合作过的银行名单,他或许会改变主意。

于是,在 24 小时之内,我向他提供了一份曾与

谈 判
NEGOTIATION

我们合作过的银行名单,共有10家来自国内外的银行。我甚至提供了每家银行的联系人姓名和联系电话。结果,收到名单后不到5分钟,行长就决定签合同。他没有打电话核实,也没有要求其他证明,只是想知道"和他一样"的其他人也使用了我向他推荐的服务。

在谈判之前,准备一个在相同条件下做出购买决定的个人和组织名单,这样一来,你将更有可能达成一笔更好的交易。这是迄今为止我所发现的最有效的谈判工具之一。

第十八章
价格谈判策略

在本书第三章,我们谈到两类谈判:短期的一次性谈判和长期的商务谈判。在短期谈判中,你的任务是争取当时最佳的价格和交易条件,不用考虑未来是否会再次与对方见面或合作。

在一次性谈判中,可以运用一系列价格谈判策略,帮助你争取到更好的价格或交易。幸运的是,这些策略也适用于和同一个对手进行的年复一年的长期商业谈判。

谈 判
NEGOTIATION

💬 策略一：退缩

不管对方给出的价格如何，你要先表现为退缩，仿佛听到了令你失望的事情，同时做出不悦和痛苦的表情——眼睛上下打转，似乎感受到某种强烈的痛苦，然后说"哇！那可是一大笔钱啊！"之类的话。

令人惊讶的是，有时候只要你做出退缩的样子，对方就能立即改变价格。如果第一次表现出退缩后，对方就能降低卖价或提高买价，那么你可以在整个判断过程中反复使用这一策略。

💬 策略二：质疑

在谈判中你可以问对方："这是您能提供的最好

第十八章
价格谈判策略

条件吗?没有更好的条件了吗?"

当对方给出价格后,你需要停顿一下,表现出吃惊甚至震惊的样子,说:"这是您能给出的最好价格吗?"然后保持沉默。如果尚有回旋余地,对方通常会立即调整价格。

如果在你提出质疑后,对方降低了售价,你可以接着问:"这就是最低价了吗?"继续争取最低售价和最佳条件。你应该继续问:"价格上不能再优惠了吗?"请记住,你的谈判对手并不知道你是否曾与一个用更低的买价或更高的卖价与他们达成交易的人进行过交流。

你还可以问:"如果我今天就做决定,您能给出的最好条件是什么?"这个问题会增加交易的紧迫感,使卖方产生可能错失交易的担忧。

有时候,你还可以问:"您的意思是,任何人都不可能拿到更低的价格,从来没有人以低于该金额的价格买过这种产品吗?"当你直接提出这样的质疑时,他们往往会认为应该坦白是否有人以更低的价格购买过产品。

大多数零售商每年都会对一些商品进行特价销售。因此在购买这些零售商品时,例如,家具、家电或割草机等,你可以问对方:"这种产品是否打过折?"如果他告诉你这种商品通常在春季打折,那么你可以这样说:"好吧,我错过了上一次促销,但今天我也想拿到优惠价。"

有时候,只要你能给出让对方打折的充分理由,就有可能说服对方为你降低售价。

第十八章 价格谈判策略

💬 策略三：断言

不管卖方提出的价格是多少，你都要立即回答："我可以用更低的价格从别处买到该产品。"

当你告诉销售人员，你可以从他的竞争对手那里以更低的价格买到该产品时，对方的态度会立即缓和下来，并开始降低价格。"我可以用更低的价格从别处买到该产品"，这样的断言常常能摧毁卖方对价格的坚持，因为他担心你会去别处购买。

请记住，即便是在这种谈判中，也要始终保持友好、亲切。以友善的语气和态度提出要求，往往比严肃或咄咄逼人更容易让对方做出让步。

策略四：压价

当对方向你要价100美元时，你可以压价："我现在可以给你50美元现金。"

无论何时，只要你说能立刻付现金，对方对砍价的抵抗力就会大大降低。如果你能完全用现金交易，对方会更愿和你做生意，因为现金支付可以：降低库存成本，无须承担信用卡手续费，带来"即时满足"的感觉。

再举一例。假设你提出用50美元现金购买价格为100美元的产品，卖方通常会还价到60美元。通常情况下，你会发现，即使故意压价，给出一个看似荒唐的价格，对方依然愿意用你意想不到的低价将产品卖给你。

第十八章
价格谈判策略

💬 策略五：再吃一口

所谓"再吃一口"是指交易中的附加条件。你可以这样说："好吧，如果你能免费送货，我愿意接受这个价格。"

如果对方对交易中的附加条件犹豫不决，你可以用轻松的口吻说："如果不能免费送货，我将不再考虑这笔交易。"

采用"再吃一口"策略的关键，在于你同意购买产品的主体，同意卖方的价格和条件，卖方对售价也满意，此时交易似乎已经达成，然后你再提出一个附加条件。即使是购买住房、汽车或汽艇，这种策略也同样适用。

假设你刚刚同意以一定的价格购买一栋房子。

谈 判
NEGOTIATION

在对购买价格和入住时间达成一致后,签协议之前,你都可以要求卖方赠送家具、窗帘和割草机等。因为令人相当诧异的是,很多人会以买入时的原价出售整栋房屋。

房地产市场出现严重衰退后,我的一位朋友买了一栋报价240万美元的房子。经过六个月的谈判,房东夫妇最终接受了100万美元的价格,他们只希望有人能买下房子,自己不必再承担房屋维护的成本。我的朋友具有丰富的谈判经验,他说:"当然,这个价格包含所有的家具,还有艺术品,对吧?"

恰好那栋房子的陈设十分考究,里面还有价值超过10万美元的艺术品。但由于卖方急于出售,而且他们也发现自己没有地方放置那些家具,于

第十八章 价格谈判策略

是"管它呢",即使最终售价远远低于他们原本期望的价格,也还是接受了我的朋友提出的所有要求。

第十九章
底线法

底线法是谈判中非常有效的方法之一。实际上，如果谈判无法让你实现最重要的目标，就该立刻停止。如果你没有做好这样的心理准备，就不要开始正式的谈判。

我们在前文（本书第十二章）讨论了备选方案与其他选项的重要性。这要求你必须研究谈判对手，了解他的真实意图、需求和问题。开始谈判时，只有你掌握了所有必需的信息，才能在对价格或交易条件感到不满时停止谈判。

第十九章 底线法

与此相反的是毫无选择余地的谈判,即你别无选择,只能通过某种方式与他人达成共识。没有备选方案,就没有选择的余地;没有选择的余地,就没有自由。你在谈判中的自由度越高,最终得到的交易条件就越有利。

💬 做好停止谈判的准备

谈判中,我会尽一切可能使自己能够在任何时候叫停谈判,这会让我掌握巨大的优势。如果我没有其他选择,又不愿意放弃交易,那么最终结果肯定比不上我在做好停止谈判的准备时所能得到的结果。

如果想用最低价买入或用最高价卖出产品,你

可以采用"底线法"。在谈判中，如果我是买方，我通常会说："请给一个确定的报价，我会告诉你我会不会购买。"

这种说法经常会让对方感到不安。他们可能原本打算先提出另一个价格。但现在，如果他们给出的价格不合理，我就会停止谈判，起身离开谈判现场。

也就是说，如果我是买方，就会对卖方说："告诉我你们能接受的最低价。"换言之，你要告诉我你能接受的最低价格，如果我也能接受这个价格，那么就继续讨论。如果我接受不了，谈判就到此为止。

这种方法往往能让你立即得到一个更低价格的承诺，这个价格会远远低于对方一开始打算提出的价格。

第十九章 底线法

🗨 不要斤斤计较

在赶时间的时候我尤其不喜欢斤斤计较。我更喜欢提出"底线价格",并且以底线价格买过房子、汽车、家电等。当我出售某样东西时,通常也会这样开头:"这是我能接受的最低价了。如果你接受不了,我也理解。"

有时候,人们会问:"如果你的确想买某种产品或服务,可你又说要停止谈判,会不会令自己难堪呢?"

这很简单,请记住,停止谈判只不过是一种谈判技巧。你可以站起来走出房间或商店,然后再转身回来。但通常情况下,只有你起身并威胁说要离开时,才能知道最好的价格是多少。

谈 判
NEGOTIATION

有一次,我想为妻子买一辆新车。我们前往汽车经销店,那里正在出售她中意的一款车。陪同我们前去的还有两位对汽车买卖非常在行的朋友。

在浏览了众多车型并进行了试驾之后,我的妻子决定要买那款车,于是我们坐下来开始谈判。首先,我说:"我在汽车行业工作过多年,很清楚这些车被提了多少价,也知道你们要从每一辆车上赚取多大的利润才能在这个行业里生存下去。因此,请告诉我这辆车的最低价格,然后我会告诉你我是否能接受这个价格,可以吗?"

销售员笑容满面,说完全没有问题,然后给出了30000美元的售价。但我知道,即使这辆车售价25000美元,经销商依然有利可赚。

我看了一眼这个数字,然后说:"谢谢。但我能

第十九章
底线法

接受的是支付 25000 美元的现金买下这辆车。并且这 25000 美元包括税收和纳税准备。"

但销售员坚称 30000 美元是她能给出的最低价，于是我和妻子以及两位朋友起身朝停车场走去。那位女销售员跟在我们后面，说她需要请示一下经理。她与经理讨论后，告诉我们，"绝对最低价"是 28995 美元。于是我们再次准备离开。

就这样，我们来来回回三四次。销售员每一次都坚持说她给出的是最低价格，然后我们就准备离开。最后，在与销售经理和其他人商量后，她终于给出了 25000 美元的售价。

请记住，只有当你起身准备离开时，才能知道最理想的价格是多少。你只需要鼓起勇气去做，反复练习，直到它自然而然地成为你的一项谈判技巧。

第二十章
谈判无终点

谈判应被视为一个持续的过程,任何谈判都没有终点。如果你得到了新信息,对形势的认识发生了变化,你可以向谈判的另一方提出重启谈判的要求。

我们在前文阐述了"中国式合同"。如果希望与对方在未来不断地进行谈判,那么你需要重点关注对方是否对谈判满意。如果形势有变,对方对达成的协议感到不满意,你需要邀请他坐下来重新谈判。

经过谈判签订了协议之后,你不要感觉像掉入

第二十章
谈判无终点

陷阱一样，总想着重新谈判，希望对方变更条款。对方唯一能做的就是拒绝。在长期谈判中，大多数明智的商界人士会考虑到形势变化，设法让你感到满意。

💬 提出交换条件

如果你要重新谈判，就要确保你能给对方提供具有吸引力的条件。如果没有明显的利益或好处，任何人都不会认真地与你重启谈判。在要求对方接受某个可能使其蒙受损失的条件之前，你有责任考虑清楚，自己能为他提供什么有利条件。

仔细思考你能给对方带来什么利益或好处，以此激励对方重启谈判，调整交易条件。详细列出你

谈判
NEGOTIATION

能为对方提供的有利条件，以此为基础，将重新谈判的要求"卖"给对方。

在早年经商的过程中，我曾经遭遇过财务困境。那时经济突然崩盘，我的业务缩减了一半以上。当时我有一笔银行贷款，已经无法偿还月供。我该怎么办？

后来我发现了银行业的一个小秘密。如果一笔贷款变成坏账，银行经理或业务专员难以向上级交差。但是，如果你每月都能支付利息，就可以保持贷款的流动性。只要银行收到了你为本金所支付的利息，那么在银行的账面上，这笔贷款就依然具有流动性，谁都不会有麻烦。

于是，我联系了负责我业务的银行经理鲍勃·默里（Bob Murray），告诉他我无力偿还每个月的贷

第二十章 谈判无终点

款本金,但我希望他能宽限我几个月,让我先偿还每个月的利息,保持这笔贷款的流动性,直到生意有起色。

令我吃惊的是,他马上就答应了,并当场重写了一份贷款方案,计算出贷款的月利息,问我能否按月支付这笔利息。

我向他保证没有问题。他表示对我非常感谢,与我握手,我们的关系也依旧如故。

💬 与对方真诚沟通

还有一次,我的生意遇到了大麻烦,而在印刷、办公室租金、设备、航运、录音、法律等各种事项和业务上,我需要支付的金额高达数千美元,我已

谈判
NEGOTIATION

无力支付这些账单。当时的情况真是糟糕透顶。

但我没有拒接电话,也没有回避托收代理人。相反,我列出一张债权人名单,然后亲自一一登门拜访,向其解释了我的情况。

我说:"当前经济衰退,我的生意也遭受重创。但是还有一线希望,我相信在3~6个月内,我的生意会有明显的起色,到那时,我将把所有欠款还清,并支付相应的利息。但如果您继续给我打电话,坚持要求现在就付款,那我只能关门大吉,宣布破产。到时候我一走了之,您一分钱也拿不到。因此请您好好考虑,宽限我一些时日。"

结果再一次令我吃惊。他们说:"如果你每个月都能向我们的账户中打一笔钱,让我们相信你的账户仍然有效,那么我们会继续与你合作,直到你的

第二十章
谈判无终点

经营状况好转,还清欠款。"

于是,我们各自遵守了诺言。不到 6 个月,我的生意就有了起色,并还清了所有的欠款。

如果由于以前签订的一份合同,或者因为现在无力支付某些费用,导致你陷入困境,那么请不要退缩,大胆地提出变更条件的要求。如果你的要求合情合理,并且能提出合理的解决方案,你会惊讶地发现,对方也十分通情达理。

第二十一章
成功的谈判者

成功的谈判者身上有哪些特征？你如何判断自己是不是一位成功的谈判者？观察成功的谈判者，你会发现他们身上的一些共同的特征和习惯。

首先，他们将谈判视为一个终身过程，永无止境。他们认为人生是一个在利益冲突中不断妥协和调整的过程。生活中的每一天、每一个地方都会发生谈判。在理想的情况下，谈判是一个双赢的过程，但有时候双赢的结果既不值得，也没有必要。

其次，优秀的谈判者心胸开阔，能适应多变的

第二十一章
成功的谈判者

情况,不会固执己见。而糟糕的谈判者往往一根筋,不会随机应变。同时,优秀的谈判者非常灵活,能在谈判中迅速确定双方的目标。如果情况有变,他们也愿意改变或放弃原来的立场。

再次,成功的谈判者善于合作,不会争强好胜。他们不会将谈判视为一场战斗,也不会将谈判对手视为敌人,富有创造力,不会一心求胜,而是努力找出令双方满意的解决方案。

最后,也是最重要的一点,他们不会去操纵别人,不会通过阴谋诡计诱使对方陷入"你死我活"的尴尬局面。

在一次性谈判中,优秀的谈判者会尽一切可能去争取最好的结果,因为这种谈判只有一次,不管最终达成了什么样的协议,双方很可能不会再有下

谈 判
NEGOTIATION

一次谈判。他们的目标就是以最有利的条件完成交易。

然而，在商业谈判中，双方可能要进行多次谈判与合作，谈判者必须考虑得长远。优秀的谈判者在这次谈判尚未结束的时候就已经开始考虑下一次谈判。

在我的谈判生涯中，我从未发现任何一位精明的谈判者会通过某种伎俩而达成了出色的交易。很多相关书籍和课程会教你如何利用"角色互换"等一系列技巧，让你从心理上去诱使别人做出承诺或决策。但在现实世界中，这些方法很难奏效。

在现实世界中，那些坦诚、直率、目标明确，且愿意为达成各方都满意的协议而做出承诺的人才是最为成功的谈判者。

第二十一章
成功的谈判者

要成为优秀的谈判者,你不必诡计多端,不必去操纵他人。相反,你应该坦诚、直率、目标明确,在与对方的讨论中努力找到实现目标的最佳途径。

请记住谈判的四大要点,这是所有成功谈判者的立足之本。掌握了这四点,你将成为一位谈判高手。

(1)掌握事实,提前准备。在谈判中,谁掌握的信息最丰富、最全面,选择最多、备选方案最好,谁就占据了优势。因此,你要提前做好准备,尽可能多地掌握对方的期望、需求和情况。

(2)提出要求。敢于提要求,这是你的成功之道。你可以说:"在开始之前,我想告诉你我在此次谈判中的真正目的"。开始谈判后,大胆提出自己的要求,尤其是关于价格与交易条件的要求,因为这些要素具有随意性，需要经过一番讨论和调整。

（3）谋求双赢。在长期持续的商业谈判中，不要一心求胜，也不要试图通过操纵来达成对对方不利的协议。而是需要谋求双赢，否则你做不成任何交易。请记住，来日方长，种瓜得瓜，种豆得豆。如果你达成了一项有损对方利益的协议，日后这可能会成为你的职业生涯中无法摆脱的困扰，其代价将远远超过这一时的利益。

（4）实践，实践，再实践。抓住一切机会，在一切场合中进行谈判训练。无论是购买衣服、汽车、家电还是房子，都要去锻炼谈判技能。唯有通过不断的实践，才能提高谈判能力，让你在未来收益增加或支出减少的幅度达到20%甚至更高。好的谈判技巧能为你节约时间、节约金钱和精力，提升效率，

第二十一章
成功的谈判者

推动你在事业和生活上取得成功。

优秀的谈判者不是天生的,是通过后天训练出来的。幸运的是,你可以不断学习这门功课,将本书的内容运用到实践中,不断练习,直至这些技巧变成你的第二天性,助你成为一位谈判高手。你将拥有充足的谈判机会,因为谈判是一个终身过程,永无止境。

祝你好运!

博恩·崔西职场制胜系列

《激励》 定价：59元

《市场营销》 定价：59元

《管理》 定价：59元

《谈判》 定价：59元

《领导力》 定价：59元

《高效会议》 定价：59元